X

Nunn-2008

19675
(71)

Les Jeux de l'enfance.

L'ABÉCÉDAIRE DES PETITS GARÇONS,

OU

petits tableaux des principaux jeux de l'enfance.

V.e ÉDITION

A PARIS, A LA LIBRAIRIE D'ÉDUCATION,
DE PIERRE BLANCHARD,
Galerie Montesquieu. N.º 1, au P.er

ABÉCÉDAIRE

DES

PETITS GARÇONS,

OU

PETITS TABLEAUX

DES PRINCIPAUX JEUX DE L'ENFANCE.

SIXIÈME ÉDITION.

PARIS,
LIBRAIRIE DE L'ENFANCE
ET DE LA JEUNESSE,
CHEZ PIERRE BLANCHARD,
Galerie Montesquieu, n° 1, au 1ᵉʳ.

1824.

A	B
C	D
E	F

a	b
c	d
e	f

G	H
IJ	K
L	M

g	h
ij	k
l	m

N	O
P	Q
R	S

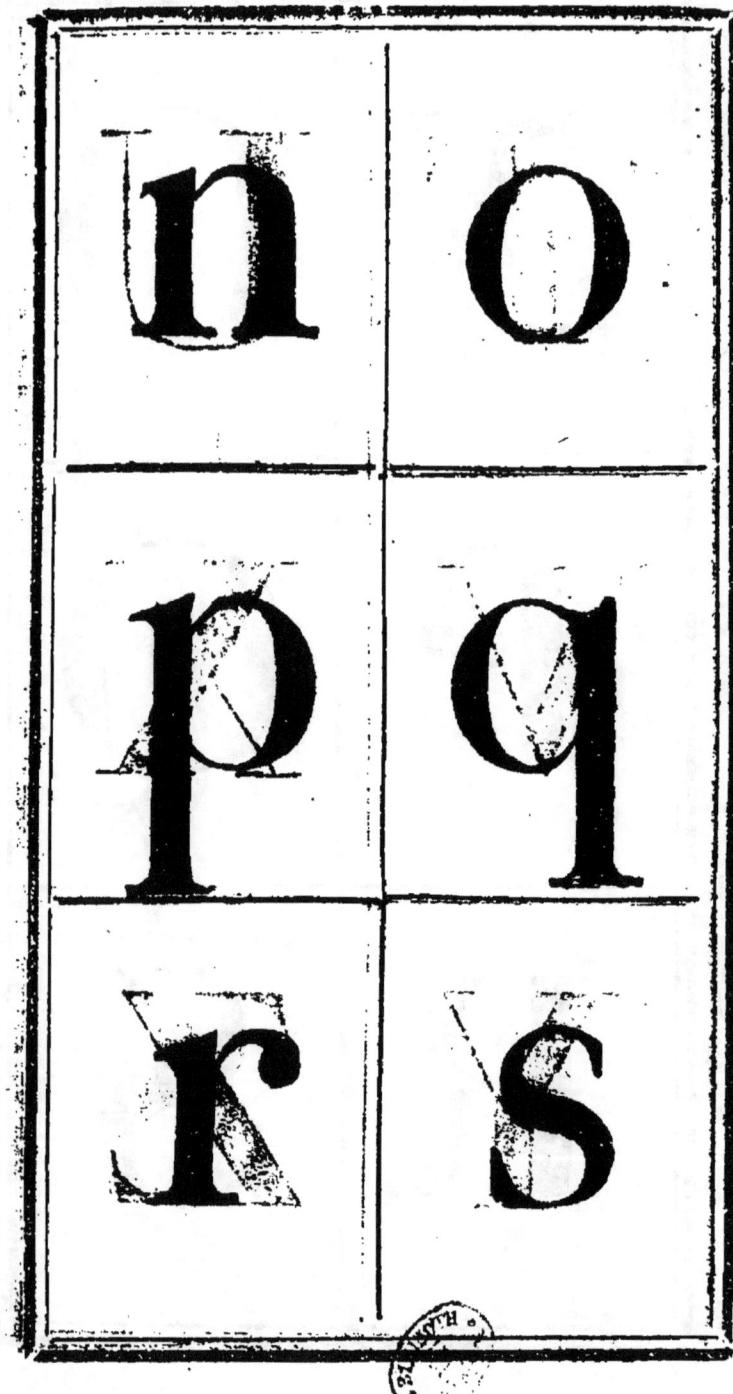

T	U
V	X
Y	Z

t	u
v	x
y	z

10

A B C D

E F G H

I J K L

M N O P

Q R S T

U V X Y Z.

a	*b*	*c*	*d*
e	*f*	*g*	*h*
i	*j*	*k*	*l*
m	*n*	*o*	*p*
q	*r*	*s*	*t*
u	*v*	*x*	*y*	*z*.

ALPHABET QUADRUPLE,

Ou Lettres majuscules et minuscules, courantes, italiques et manuscrites.

A a	B b	C c	D d	E e
A a	*B b*	*C c*	*D d*	*E e*
F f	G g	H h	I i	J j
F f	*G g*	*H h*	*I i*	*J j*
K k	L l	M m	N n	O o
K k	*L l*	*M m*	*N n*	*O o*
P p	Q q	R r	S s	T t
P p	*Q q*	*R r*	*S s*	*T t*
U u	V v	X x	Y y	Z z
U u	*V v*	*X x*	*Y y*	*Z z*

Lettres doubles.

æ œ fi ffi
ff ffi fl ffl
ff ʃb ʃl ʃſ
ɛt ʃt ib w &

Voyelles.

a e i ou y o u

Syllabes.

ba be bi bo bu
ca ce ci co cu
da de di do du
fa fe fi fo fu
ga ge gi go gu
ha he hi ho hu
ja je ji jo ju
ka ke ki ko ku

la le li lo lu
ma me mi mo mu
na ne ni no nu
pa pe pi po pu
qua que qui quo qu
ra re ri ro ru
sa se si so su
ta te ti to tu
va ve vi vo vu
xa xe xi xo xu
za ze zi zo zu

Voyelles accentuées.

â à ê è é î ï ô û ü

bâ mê rè dé aï pô fû

---

ab	eb	ib	ob	ub
ac	ec	ic	oc	uc
ad	ed	id	od	ud
af	ef	if	of	uf
ag	eg	ig	og	ug
ah	eh	ih	oh	uh
ak	ek	ik	ok	uk
al	el	il	ol	ul
am	em	im	om	um
an	en	in	on	un

ap ep ip op up
aq eq iq oq uq
ar er ir or ur
as es is os us
at et it ot ut
av ev iv ov uv
ax ex ix ox ux
az ez iz oz uz

---

bla ble bli blo blu
bra bre bri bro bru
cha che chi cho chu
cla cle cli clo clu
cra cre cri cro cru
dra dre dri dro dru

gla gle gli glo glu
gra gre gri gro gru
gna gne gni gno gnu
pla ple pli plo plu
pra pre pri pro pru
pha phe phi pho phu
tla tle tli tlo tlu
tra tre tri tro tru

MOTS A ÉPELER.

Pa pa. Papa.
A mi. Ami.
Ma ri. Mari.

Jo li. Joli.
Dé jà. Déjà.
Pa ri. Pari.
Ro se. Rose.
Lu ne. Lune.
U ne. Une.
Ra ve. Rave.
Ca ve. Cave.
Jo lie. Jolie.
Ra vie. Ravie.

Les ro ses. Les roses.

Les da mes. Les dames.
Des ro bes. Des robes.

Mon. Ton. Son.
Bon. Vin. Fin.
Lin. Van. Pan.
Nos. Vos. Dos.
Tas. Pas. Cas,
Las. Ris. Pis. Car.
Par. Ver. Mer.
Mal. Tel. Sel.
Bel. Bec. Sec. Pot.

Lot. Or. Cor. Sac. Bac.

Dans. Vent. Les vents. Dent. Les dents. Vert. Ver te. Rond. Ron de. Mont. Les Monts. Pont. Les ponts. Enfant. Les enfants. Part. Les parts.

Le Lard. Lé o-
pard. Parc. Arc.
Tort. Port. Porc.
Bien. Mien.
Lien. Pied. Fier.
Lier. Liard. Lui.
Nuit. Les Nuits.
Un Puits. Ciel.
Fiel. Miel.
Feu. Peu. Peur.
Leur. Pour. Tour.

Lourd. Lour de.
Mai. Pain. Main.
Faim. Daim. Vai-
ne. Reine. Peine.

Dieu. Dieux.
Cieux. Mieux.
Vieux. Lieue.
Deux lieues. Eau.
Peau. Veau. Suie.
Joue.

Jouer. Avouer.

Jou ir. Rou ir.
Su er. Su a ve.
Rou et. Fou et.

~~~~~~~~~~~~~~~~~~~~~~~~~~~~~

VOYELLES ACCENTUÉES.

Accent aigu (´).

É té. É co le. Ré pé té. Ai mé.

Accent grave (`).

Pè re. Mè re. Suc cès. Ac cès. Mi sè re.

Accent circonflexe (ˆ).

Pâ te. Pâ té. Tê te. Mê me. Gî te. Cô te. Cô té. Dô me. Flû te.

Tréma (¨).

Ha ïr. Na ïf. Na ï ve. Ca ïn.
A ï eul.

———

Roi. Loi. Foi Moi. Toi Voir.
Boi re. Soin. Foin. Point. Poing.
Moi ne. Poil. Toi. le. Toise. Oie.
Foie. Joie.

Blâ mer. Bras. Ar bre. Clé men-
ce. Clou. Crê me. Cruel. Dra gon.
Droit. Dra pier. Drap. Des draps.
Flam me. Flam beau. Frai se.
Fram boi se. Gau fre. Glis ser.
Glo be. Glou ton. Gre lot. Gri-
mace. Pla ce. Plai ne. Pra li ne.
Pru ne. Pru neau.

Spi ri tuel. Splen deur. Sta ble.
Stu pi de. Tra cas. Tric trac. Thé.

2

Thé â tre. Chat. Chien. Chou. Chré tien. Christ.

Or ches tre. É cho. Eu cha ris- tie. Vrai. Li vre. Qui. Que. Quel. Quoi. Co que. Cro quet. Ba gue. Fi gue. Ci guë. Ré pon se. Am bi- guë.

Di vi si on. A si le. U sa ge. Ha- sard. Zè le. Zig zag. On ze. Dou ze. A xe. Lu xe. E xer ci ce. E xa men. Deu xi è me. Si xi è me.

Moy en. Doy en. Roy al. Pu ni- ti on. É di ti on. Por ti on.

Re çu. Gar çon. Fran çois. Phi- lo so phe. Phra se. Jo seph.

Fil le. Quil le. Mouil ler. Pa- trouil le. Feuil le. So leil. Fau teuil. Ail. Bail. Vieil lard.

Mon ta gne. Es pa gne. Com pa-
gne. Com pa gnie. Pei gne.

Ro sæ. Vœu. Nœud. OEuf.
Bœuf. Cœur. Chœur. OEil. OEil-
let.

Le hé ros. Hom me har di. La
har dies se.

Phrases à épeler.

Ai mez Dieu par-des sus tou tes
cho ses.

Ho no rez vo tre pè re et vo tre
mè re.

Ai mez vo tre pro chain com me
vous-mê me.

Soy ez po li a vec tout le
mon de.

Fai tes du bien à tous ceux à
qui vous pour rez en faire.

Ne pre nez au cun plai sir à fai re souf frir les a ni maux.

Quand vous tu ez une mou che, vous tu ez un ê tre qui, pro por ti-on nel le ment, souf fre au tant que vous souf fri riez si l'on vous tu oit vous-mê me.

Don nez de vo tre pain à l'hom-me mal heu reux qui n'a pas de quoi se nour rir.

Soy ez hon nê te hom me; c'est-à-dire, ne fai tes tort à qui que ce soit, ni dans sa per son ne, ni dans ses biens.

Ne par lez ja mais mal de per-son ne : car la mé di san ce et la ca lom nie font sou vent des maux ir ré pa ra bles.

PETITES LEÇONS

A LIRE COURAMMENT.

LE JEU DE LA BASCULE.

J'ai vu quatre petits garçons qui se balançoient sur deux planches croisées et élevées de terre au point où elles se croisoient : cela formoit une double bascule. Les petits garçons étoient distribués à chaque bout de ces planches, et quand l'un s'élevoit, l'autre s'abaissoit. C'est un fort joli jeu ; mais les enfans ne doivent se le permettre que sous les yeux de leurs parens ou de leurs maîtres, parce qu'il peut leur arriver de tomber et de se blesser grièvement. C'est ce qui arriva en effet aux quatre petits polissons dont je vous parle.

Je les appelle des polissons, parce qu'ils étoient venus jouer à l'insu de leurs parents. Comme personne ne veilloit sur eux, ils faisoient toutes sortes de sottises ; c'étoit surtout à qui feroit descendre avec plus de rapidité son camarade, afin qu'il se frappât rudement le derrière contre terre. Cela alla fort bien un moment ; ils rioient à gorge déployée : mais en voici un qui, en s'élançant de toutes ses forces, perd l'équilibre sur sa planche, et tombe du haut en bas. Il se cassa le nez sur la terre desséchée, et se mit à crier comme un petit sot qu'il étoit.

Son camarade d'en face, n'ayant plus rien qui fît contre-poids, tomba de même comme une masse. Par malheur une de ses jambes se trouva ployée sous la planche; cette jambe fut écorchée dans toute sa longueur; et voilà un second polisson qui pleure à côté du premier.

Les deux autres, peu sensibles à la triste aventure de leurs amis, alloient toujours tantôt haut, tantôt bas, et insultoient même leurs camarades par des ris moqueurs. Ils ne tardèrent pas à être punis : la planche chavira, et les petits drôles firent la culbute à leur tour. L'un se fit mal au menton, l'autre à la tête, et ils ne manquèrent pas de pleurer aussi fort que les deux autres.

J'arrivai en ce moment, et comme je vis que leurs blessures n'étoient pas dangereuses, je pris plaisir à me moquer d'eux. Je leur dis ensuite plus sérieusement : Mes enfans, si vous n'eussiez pas cherché à tromper vos pères et mères, ce malheur ne vous seroit pas arrivé. Vous pouviez vous faire beaucoup plus de mal encore ; vous pouviez même vous tuer. Jugez donc combien il vous importe de rester sous les yeux de vos parents, et d'obéir à leurs ordres. Quand ils vous défendent une chose, c'est qu'elle vous seroit nuisible ; car ils ne veulent que vous rendre sages et heureux.

LE JEU DE BALLE.

La balle est le jeu favori des écoliers. Chacun d'eux a grand

Le jeu de balle.

Le jeu de la corde.

soin d'en avoir une dans sa poche; et dès que commence la récréation, la balle entre en danse; elle est lancée en l'air, et, jetée contre le mur, est reçue et renvoyée par la main. On court au point où elle va tomber, on la relève quand elle rebondit, on la suit sans cesse des yeux, on n'a pas une seconde de repos; la sueur coule du front, on respire à peine; mais n'importe, on s'exerce, on s'amuse, et l'on ne donneroit pas ce moment-là pour toutes les richesses du monde. O heureux temps de l'enfance!

Le jeu de balle accoutume à être leste et adroit, et c'est un avantage qui n'est pas à dédaigner : il donne de la souplesse aux membres, de la justesse au coup d'œil, et quelquefois de la grâce

2*

aux mouvemens. Les enfans lourds et gauches s'y montrent de pauvres joueurs.

On joue ordinairement à la balle contre un mur. On trace sur la terre une raie à environ une vingtaine de pieds de ce mur, et il faut toujours que la balle tombe au-delà de cette raie, sans quoi on perd un point. Le premier joueur lance la balle, et les autres la renvoient; s'ils manquent, c'est un point de perdu. On met la partie en douze ou quinze points.

On joue aussi à la balle de l'un à l'autre comme à la paume.

Les meilleures balles sont celles qui, étant jetées contre terre, rebondissent à plus de hauteur.

Mais il est inutile que l'on vous

parle de tout cela ; si vous ne le savez pas encore, vous le saurez bientôt, et je suis bien sûr que vous n'apprendrez pas aussi facilement vos leçons.

LE JEU DE LA CORDE.

Marcellin avoit trouvé une corde ; aussitôt il courut dans le jardin, et prenant cette corde par chaque bout, il se mit à la faire passer rapidement par-dessus sa tête et par-dessous ses pieds ; il bondissoit avec une légèreté admirable, formant toutes sortes de pas aussi habilement que sans cet obstacle : c'étoit un vrai plaisir que de le voir aller en avant, en arrière, courir, s'arrêter, et sauter à la même place; sa corde et ses pieds étoient sans cesse en mouvement.

Son frère Charles, qui survint alors, dit qu'il vouloit la corde à son tour; Marcellin ne l'écoutoit seulement pas et alloit son train. Charles répéta plusieurs fois, en criant, qu'il vouloit la corde; il la saisit même avec la main, et arrêta tout à coup les exercices de son frère. Celui-ci, qui n'étoit guère plus endurant que lui, la tira de son côté : tous deux se mirent en colère; et ils alloient se battre, lorsque leur père vint à propos pour leur faire honte de cet excès, et les punir. Il prit la corde, et fit marcher ses deux fils devant lui : l'histoire rapporte même qu'il leur en donna quelques coups sur les épaules. Ils le méritoient bien : Charles avoit eu grand tort d'interrompre le plaisir de son frère ; mais Marcellin auroit dû être plus complaisant, et céder pour quelque temps la corde au petit Charles. Tous deux étoient très-coupables pour s'être mis en colère et avoir voulu se battre : rien n'est affreux comme le spectacle de deux frères qui se traitent en ennemis.

Le lendemain ils furent beaucoup plus sages, ils prirent la corde que l'on avoit laissée dans un coin, et s'en allèrent d'un bon accord dans le jardin. Ils convinrent de jouer l'un après l'autre ; c'est-à-dire que celui qui auroit la corde s'en serviroit jusqu'à ce qu'il eût manqué en sautant, et qu'aussitôt il la céderoit à celui qui attendoit. L'accord bien fait, Marcellin, comme l'aîné, commença et alla au moins pendant un quart d'heure sans faire aucune faute ; enfin la corde s'arrêta à son pied, et il la remit à Charles. Pendant que celui-ci s'exerçoit, Marcellin se reposoit sur un banc de gazon, et lui donnoit des conseils sur les difficultés et les agrémens du jeu.

Voilà comme de bons frères doivent vivre ensemble.

LE CERF-VOLANT.

J'AIME ces enfans qui, après avoir bien rempli leurs devoirs, se livrent au jeu de tout leur cœur : ils ont mérité de s'amuser. Voyez ces petits garçons qui, à l'aide d'un fil léger, enlèvent un cerf-volant ; ils

Pag. 38.

Le cerf-volant.

Le petit tapageur.

sont joyeux, satisfaits : on devine sur leurs figures qu'ils ont contenté leurs parents et leurs maîtres ; ils ne craignent pas qu'on les voie jouer.

Voilà au moins huit jours qu'ils se promettent cette partie de plaisir. Ils ont d'abord fait le cerf-volant dans leurs heures de récréation : ils ont choisi trois petites baguettes bien légères ; la plus forte a été mise dans le milieu ; les deux autres ont été pliées sur les côtés, à l'aide d'une ficelle qui a été rattachée à l'extrémité inférieure. Cette carcasse a été recouverte d'un beau papier blanc ; puis on a mis une queue et des oreilles au cerf-volant ; on a attaché le fil qui doit le guider dans les airs : après cela il a fallu attendre un jour de congé. Le maître, qui étoit content d'eux, leur a donné une demi-journée pour jouer. Le plus grand a placé sur ses épaules le cerf-volant, le plus petit a porté la pelotte de fil. On est venu dans la plaine : le vent étoit bon ; le cerf-volant a été lancé, et en deux minutes il s'est élevé à la hauteur d'un clocher. Aussi jugez du plaisir, des cris et des sauts de joie ! c'étoit à qui auroit le bonheur de tenir le fil ; chacun attendoit son tour avec impatience.

O mes petits amis, étudiez bien ; remplissez tous vos devoirs auprès de vos parens et de vos maîtres, et vous jouerez avec dix fois plus de plaisir.

LE PETIT TAPAGEUR.

En avant! marche!... Ainsi crioit toute la journée le petit Paulin; puis il se mettoit à marcher comme un militaire, en frappant en mesure le tambour que son papa lui avoit acheté : il étourdissoit tout le monde.

Sa maman lui dit : Mon fils, votre père vous a acheté ce tambour, parce que vous aviez été bien sage, et pour vous amuser dans vos momens de récréation; mais puisque vous nous étourdissez, et que c'est en vain que l'on vous dit de vous taire, que d'ailleurs cela vous fait négliger l'étude, je prends le tambour, et je le donne à votre cousin, qui aura l'attention d'aller dans le jardin chaque fois qu'il voudra faire du bruit.

Elle prit en effet le tambour et le donna au cousin. Paulin pleura d'abord; mais il se consola bientôt, et lut ses leçons si bien, que sa maman elle-même lui acheta un joli sabre qui avoit une lame de fer-blanc, un fourreau rouge et une poignée de cuivre. Paulin mit fièrement ce sabre à son côté, et dès qu'il le put, il chercha des ennemis à combattre.

Il aperçut des mouches sur une table; vite son sabre est hors du fourreau : il frappe un coup terrible; les mouches s'envolent, mais une assiette qui étoit dessous tombe en mille éclats.

Cette prouesse eût valu une récompense au nouveau guerrier, si sa mère se fût trouvée là; heureusement il étoit seul: il s'enfuit dans le jardin.

En parcourant les allées, il remarqua un pommier qui n'étoit pas plus grand que lui, mais qui portoit au moins vingt grosses pommes.

Ces pommes lui parurent autant de soldats qu'il pouvoit hardiment attaquer : il lève le sabre, et voilà une pomme par terre. Cette victoire lui donna un courage héroïque : il recommença, et une nouvelle pomme d'un seul coup est partagée en deux. A cet exploit, il reste étonné et admire la force de son bras. Il alloit terrasser un troisième ennemi, lorsque son papa, qui avoit vu ses deux premiers combats, et qui craignoit qu'il ne dégarnît entièrement son pommier, s'empressa d'accourir et d'arrêter le bras du héros.

Comment, petit drôle, lui dit-il, voilà que vous abusez encore des plaisirs que l'on vous procure! Vous a-t-on donné un sabre pour abattre les pommes de mon jardin? Remettez-moi cela.

Le père reçut le sabre, et le donna à un petit garçon qui étoit fort sage, et qui ne s'en servoit point à mal faire.

Quelques jours après, le parrain de Paulin vint à la maison; et comme il le connoissoit pour un petit tapageur, il lui apporta un fusil très-joli. Paulin sauta de joie à la vue de ce présent : il ne seroit plus réduit à faire l'exercice avec un bâton. Sa mère avoit fort envie qu'on ne lui donnât pas; mais il promit si bien d'être plus sage, qu'elle se laissa fléchir.

Le voilà donc avec son fusil sur l'épaule, allant, venant, et mettant tout le monde en joue. Cela alla bien pendant quelque temps; malheureusement il remarqua que l'on pouvoit mettre des poids secs dans le canon, et qu'à l'aide d'un ressort on les envoyoit d'un bout de la chambre à l'autre : il chercha aussitôt des poids, en mit un dans le canon, et s'exerça à tirer contre le mur. S'il n'eût visé qu'en cet endroit, le mal n'eût pas été bien grand; mais il tira bientôt sur le chien, puis sur le chat, puis enfin sur une vieille bonne femme qu'il n'aimoit pas, parce qu'elle lui disoit quelquefois : Monsieur, si vous n'êtes pas plus sage, votre papa le saura.

La bonne femme étoit assise devant la porte, et étoit occupée à tricoter. Paulin avança doucement, se cacha derrière un rosier, chargea son fusil, mira; et zeste ! voilà le pois qui frappe l'oreille de la bonne vieille. A ce coup, elle fait un saut sur sa chaise, regarde de tous côtés, et reçoit un autre pois précisément sur le bout du nez. Mais cette fois-ci elle aperçoit le petit malicieux, et lui crie de toutes ses forces : Votre papa le saura.

En effet, elle fut aussitôt apprendre au père la nouvelle équipée de son fils. Le père vint, prit le fusil, fit sentir au petit polisson qu'il pouvoit crever un œil à la bonne femme, et le mit en péni-

La Patrouille.

Les petits polissons.

tence devant tout le monde, en lui disant qu'il n'auroit plus aucun joujou.

LA PATROUILLE.

Il y avoit un petit garçon appelé Jules, à qui son papa avoit donné un beau sabre de fer-blanc, et qui en faisoit un meilleur usage que le petit tapageur dont nous venons de voir l'histoire. Son grand plaisir étoit de faire l'exercice; et quand il vouloit se battre, c'étoit toujours contre quelques vieilles têtes de chou, ou contre quelques chardons qui s'élevoient au-dessus des autres herbes. Cela ne faisoit aucun mal, et Jules s'amusoit de tout son cœur. Ce qui étoit encore digne de louange en lui, c'est qu'il ne prenoit jamais son beau sabre que quand il avoit appris et récité toutes ses leçons. Quand il tenoit son livre, il s'en occupoit tout entier; mais aussi quand il étoit au jeu, il n'en cédoit point sa part aux autres.

Il avoit coutume de rassembler ses petits camarades devant la porte de la maison; il les armoit de bâtons, de petits fusils de bois; il les mettoit en rang, les faisoit marcher au pas, leur montroit l'exercice qu'il ne savoit pas trop bien lui-même; faisoit patrouille avec eux, les plaçoit en sentinelle, et quelquefois les divisoit en deux pelotons qu'il appeloit deux armées, et donnoit le signal du combat : mais cela arrivoit rarement ; car son papa lui avoit dit qu'il ne vouloit pas même qu'on fît semblant de se battre.

Dans tous ces jeux, Jules étoit toujours le plus alerte et le plus adroit. Il couroit partout, voyoit tout, sembloit faire tout à lui seul. Aussi son front était-il toujours couvert de sueur, et ses yeux étincelans annonçoient la vivacité de son caractère. Il auroit été de tout point un petit garçon fort aimable, s'il n'eût pas voulu toujours être le premier. Il ne falloit pas lui parler de se mettre dans les rangs avec les autres ; il ne se trouvoit bien qu'à leur tête. A peine étoit-il arrivé qu'il crioit : *Garde à vous!* et sans attendre que ses amis eussent consenti à son élévation, il disoit : Je suis le général, le capitaine ou le caporal ; peu lui importoit pourvu qu'il commandât ; et si l'on vouloit jouer, il falloit passer par tous ses caprices. C'étoit là un vilain défaut; c'étoit celui d'un petit orgueilleux qui se croyoit plus habile que les autres.

La justice et l'honnêteté veulent que dans les jeux les plaisirs soient partagés, et qu'il y ait égalité parfaite.

LES PETITS POLISSONS.

Le petit Jeannot voyoit de la fenêtre une troupe de polissons qui glissoient sur la glace et marchoient dans la neige jusqu'aux genoux. Il auroit bien voulu aller faire le polisson avec eux ; mais son papa et sa maman le lui avoient défendu bien sévèrement.

Cependant un jour qu'on ne le surveilloit pas avec assez d'exactitude, il alla devant la porte, y resta quelques momens ; et, voyant qu'on ne prenoit pas garde à lui, il se rendit au milieu de la troupe bruyante. A peine eut-il mis un pied sur la glace, qu'il trembla et craignit d'avancer : c'étoit un petit nigaud fort timide, et qui eût bien mieux fait de rester au coin du feu.

Dès que les autres enfans eurent remarqué ses craintes, ils accoururent autour de lui, et lui firent mille niches : l'un le tiroit par son habit ; l'autre lui tendoit la main comme pour le conduire, et l'entraînoit à une vingtaine de pas. Jeannot, qui se croyoit perdu, crioit de toutes ses forces. Enfin, il se rassura, et, admirant la légèreté de ses camarades qui effleuroient le miroir de la glace, il voulut tenter de glisser avec eux. Il se met sur les rangs, prend sa course, fait un effort, s'élance, et le voilà par terre. Ses camarades, qui avoient aussi pris leur élan, ne peuvent se retenir, et tombent sur lui les uns après les autres. Ce ne fut pas tout : la glace, surchargée en cet endroit, se rompit, et tous les polissons se trouvèrent dans l'eau. Heureusement qu'elle étoit peu profonde, car ils se seroient tous noyés. Comme ils étoient de bonne humeur et accoutumés à courir dans l'eau et dans la boue, ils se relevèrent aussitôt, et ne firent que rire de leur accident. Il n'y eut que Jeannot qui ne rit point; il se releva avec bien de la peine, remonta sur la glace, et reprit le chemin de la maison en pleurant comme un imbécille sans courage. A la vérité, il étoit mouillé depuis la tête jusqu'aux pieds; mais aussi pourquoi sortoit-il quand on le lui avoit défendu? c'étoit sa faute. Sa mère le gronda; son père lui promit une correction, et sa bonne, en lui ôtant ses habits mouillés, lui répétoit : C'est bien fait, Jeannot; il falloit rester au coin du feu.

LA BALANÇOIRE.

Oh! maman, disoit le petit Félix, j'ai vu tantôt chez mes cousins un bien joli jeu : vous devriez bien nous en laisser faire un semblable dans le jardin.

Oui, mon ami, répliqua la mère; et quel étoit ce jeu?

On choisit un endroit où il y a deux arbres à côté l'un de l'autre. On attache à l'un et à l'autre une grosse corde qui pend au milieu, et qui soutient une petite banquette de bois. Une personne s'assied sur cette banquette, et les autres la poussent de toutes leurs forces en avant et en arrière.

—Bon! j'entends; il s'agit d'une balançoire.

La balançoire.

Le cheval fondu.

—Oui, maman, c'est cela même, une balançoire. Si vous saviez comme c'est amusant! Voulez-vous nous permettre d'en faire une?

— Volontiers; je vous la ferai même faire, car vous n'êtes pas assez fort pour une telle besogne. Nous l'établirons au beau milieu de la charmille; mais ce sera à une condition....

— Et laquelle, maman?

— C'est que vous ne vous balancerez jamais que lorsque votre papa ou moi nous serons présents, ou lorsqu'il y aura quelque autre personne raisonnable : car la balançoire, quoique très-agréable, peut devenir un jeu fort dangereux : la corde peut casser, ou, poussé trop violemment, vous pouvez tomber par terre; et si personne n'est là, qui vous donnera du secours ?

— Eh bien, maman, nous ne nous balancerons jamais qu'en votre présence. Faites-nous faire une belle balançoire ; je dirai à mes petits cousins de venir jouer avec nous.

D'après cette promesse, la mère fit faire une balançoire où l'on étoit assis bien à son aise, et les enfans ne s'y balancèrent jamais que lorqu'il y avoit quelque personne raisonnable auprès d'eux. Ces enfans-là étoient fort obéissans ; aussi leur donnoit-on presque tout ce qui pouvoit leur faire plaisir.

LE CHEVAL-FONDU.

Le jeu du *Cheval-fondu* est d'un exercice violent, et convient mieux en hiver qu'en été. C'est un jeu de grands garçons; les petits n'ont pas encore assez de force pour faire les sauts qu'il exige.

Les sauteurs se placent tous sur une ligne droite, à une petite distance les uns des autres. Ils se courbent, en appuyant leurs mains sur leurs genoux, et baissant la tête sur leur poitrine. Cette position est nécessaire, afin que les sauteurs puissent franchir facilement, sans se blesser et sans blesser leurs camarades, chacun des enfans ainsi placés. C'est le dernier qui commence ; et dès qu'il est parvenu au troisième ou quatrième enfant, celui qui est le second dans la ligne se met aussi à sauter, et ainsi de suite. Dès qu'un sauteur est arrivé au bout de la ligne, il se courbe comme les autres, et reçoit à son tour les sauteurs qui passent par-dessus lui ; de manière que toute la ligne est sans cesse en mouvement.

Ce jeu, comme vous le voyez, exige de la force et de l'agilité. On peut s'y blesser ; mais il convient à de jeunes garçons de douze à quinze ans, qui ont besoin de se fortifier par l'exercice, et qui doivent avoir du courage. Quant à vous, mes enfans, je vous conseille d'en chercher de plus tranquilles : il y en a une quantité, et des plus amusans.

SATURNIN LE SOURNOIS,

CONTE.

Rien n'est plus maussade au monde que ces vilains enfans qui ne veulent souffrir que personne touche à ce qu'ils possèdent : quand ils ont des joujoux, ils les tiennent soigneusement dans un coin, s'en servent tout seuls, et jettent les hauts cris quand un autre enfant y porte la main. Ce sont de misérables grognons, de petits avares qu'il faut punir sévèrement, et à qui l'on doit retirer tout ce qu'on leur a donné : si vous ne les corrigez pas de leur détestable défaut, ils deviendront des hommes qui ne penseront qu'à eux, et qui se feront haïr de tout le monde. C'est pour ces désagréables enfans que je vais raconter l'histoire suivante :

Il y avoit deux frères de caractères bien différents : l'aîné, appelé *Saturnin*, étoit une espèce de sournois, qui n'aimoit personne, et qui couvoit sans cesse des yeux ce qui lui appartenoit; l'autre frère, nommé *Amand*, étoit toujours joyeux, d'une figure ouverte, et prêt à offrir tout ce qu'on lui avoit donné. Quand leur papa leur apportoit des joujoux, Saturni s'empressoit de prendre les siens, et de s'éloigner pour les examiner à son aise. Amand étaloit les siens auprès de son papa, sautoit de joie tout autour, embrassoit son papa, et couroit chercher tous ses petits amis pour qu'ils vinssent se divertir avec lui : c'étoit un enfant charmant ; aussi étoit-il aimé de tout le monde.

Un jour que Saturnin le Sournois avoit hasardé d'apporter devant la porte un grand cheval de carton sur lequel il se balançoit, deux jolis enfants, conduits par un vénérable vieillard, vinrent à passer, et s'arrêtèrent pour regarder le beau cheval de carton. Cela déplut à Saturnin : il n'osa leur rien dire ; mais il fit une grosse moue, et les regarda en dessous, comme quand il étoit fâché. Les deux jolis enfants, qui ne s'en aperçurent pas, lui demandèrent bien honnêtement s'il vouloit leur permettre de jouer un peu avec son cheval. Non, répondit brusquement Saturnin ; mes joujoux sont à moi, et je ne les prête pas. Amand, qui étoit arrivé en ce moment, bien fâché de la grossièreté de son frère, dit aux deux jolis enfans : Messieurs, j'ai aussi un beau cheval de carton : je vais le chercher, et nous jouerons ensemble. Il courut en effet chercher son beau cheval, et il fit monter les petits messieurs dessus.

Comme il y avoit bien une heure que l'on jouoit, le vieillard dit : Messeigneurs, il est temps de nous en aller ; voilà l'heure où le roi votre père vous attend. Les deux jolis enfants quittèrent aussitôt le jeu, saluèrent avec amitié le petit Amand, et lui dirent qu'ils auroient le plaisir de le revoir.

Amand étoit resté muet de surprise en apprenant qu'il avoit joué avec les fils du roi. Saturnin étoit tout aussi étonné que lui. C'étoient en effet les fils du roi, qui s'étoit arrêté à un château du voisinage. Le lendemain un page vint de la part des jeunes princes s'informer de la santé d'Amand, et l'inviter à se rendre au château. Son papa s'empressa de l'y conduire. Les princes accueillirent avec joie leur compagnon de jeu ; ils dirent au roi, leur père, qu'Amand étoit le plus aimable enfant qu'ils eussent encore rencontré, et qu'ils désiroient beaucoup l'avoir auprès d'eux. Le roi, regardant Amand, lui trouva en effet une figure qui annonçoit un excellent caractère, et il dit au père de l'enfant : Votre fils me paroît un excellent sujet ; laissez-le auprès des jeunes princes, je veux faire sa fortune. Le père consentit facilement, comme vous pensez bien, et se retira en remerciant le roi. Amand fut élevé avec les princes, gagna leur amitié, et devint un grand seigneur.

Quant à Saturnin, il vit avec jalousie le bonheur de son frère, et fut bien fâché d'avoir été si maussade et si malhonnête. S'il eût offert de bonne grâce ses joujoux aux jeunes princes, il seroit peut-être aussi devenu leur ami. Il se promit bien, si d'autres enfants de prince se présentoient, de leur donner tout ce qu'il possédoit.

A quelque temps de là, une vieille femme bien cassée, et couverte d'habits tout déguenillés, passa devant la porte avec un petit garçon à moitié nu qu'elle tenoit par la main. Saturnin jouoit aussi ce jour-là avec son beau cheval de carton. Le petit garçon à moitié nu s'arrêta, et prit grand plaisir à voir le beau cheval : Oh! grand'-

maman, dit-il, en parlant à la vieille femme, je voudrois bien jouer avec ce beau cheval.—Mais, mon enfant, répondit la vieille femme, ce n'est pas à toi. L'enfant, ne se payant pas de cette raison, se mit à pleurer. La bonne vieille, pour l'apaiser, demanda à Saturnin s'il vouloit laisser jouer un instant son petit-fils avec le beau cheval. Vraiment, répondit avec dédain Saturnin le Sournois, c'est pour des gens de votre espèce que l'on a d'aussi beaux joujoux! Passez votre chemin, la vieille, et laissez-moi tranquille : mon cheval est à moi, et personne n'y touche.

Eh bien, reprit la vieille, en se redressant et se rajeunissant tout à coup, c'est donc ainsi que vous disiez que vous offririez vos jouets à tous les enfans ! Ce n'étoit que par avarice que vous faisiez cette promesse, dans l'espoir de trouver quelque enfant de prince qui, pour un peu de complaisance, voudroit bien vous enrichir : mais nous, qui paraissons de pauvres gens, et qui ne devons rien avoir à donner, vous nous repoussez. Sachez, petit avare, que je suis la *bonne Fée* ; que je récompense les cœurs bienfaisans, et que je punis les insensibles comme vous. Désormais vous garderez pour vous seul tout ce que vous aurez ; mais aussi personne ne vous donnera rien, et aux yeux de tout le monde vous paroîtrez avoir la figure d'un hibou, ce vilain oiseau qui ne sort que la nuit.

LEÇONS
DE LECTURE LATINE.

UN MOT SUR LA LANGUE LATINE.

La langue latine étoit parlée par un grand peuple que l'on appeloit les Romains. Ce peuple n'existe plus, et la langue latine n'est plus parlée nulle part; mais la connoissance en a été transmise jusqu'à nous : on l'étudie avec soin, afin de jouir de la lecture des beaux ouvrages qui ont été écrits dans cette langue, et parce que c'est celle dont l'Église se sert pour chanter les louanges de Dieu. La langue françoise vient du latin. Vous remarquerez que dans le latin on prononce toutes les lettres, et que l'on fait sentir celles qui terminent les mots.

Anima. Animæ. Animam. Animis. Animas. Dominus. Domini. Domino. Dominum. Dominorum. Dominis. Dominos. Pater. Patris. Patrem. Patre. Patres. Patribus. Dies. Diei. Diem. Diebus. Prudens. Prudentis. Prudentem. Prudentissimus. Prudentissima. Prudentissimum. Felix. Grex. Rex. Audax. Atrox. Lux. Luxo. Luxurio. Feliciter. Graviter. Propter. Gula. Gulæ. Gustus. Guttur. Habena. Homo. Hominis. Hominibus. Semen. Lumen. Semel.

Amare. Amo. Amas. Amat. Amamus. Amatis. Amant. Amans. Amandum. Amabam. Amavi. Amaverunt. Amen. Amor. Amatus. Amatur. Amantur. Habeo. Habes. Habet. Habui. Habere. Habens. Habentis. Sum. Es. Est. Sunt. Eram. Fui. Fuit. Ero. Inertia. Insidiæ. Fraus. Fraudis. Mons. Æger. Ipse. Ipsum.

Ferculum. Gubernaculum. Magnus. Magna. Magnum. Magnificat. Gymnasium.

Senectute. Pulcher. Pulchra. Pulchrum.
Lycæus. Philosophus. Philtra. Pulchritudine.
Phœnix. Phrygia. Psallo. Psaltérius. Qui.
Quæ. Quod. Cujus. Cui. Quem. Quam.
Quos. Quies. Queror. Quilibet. Hic. Hæc.
Hoc. Hujus. Huic. Cum. Illud. Jam. Denique. Percussio. Percutio. Peregrinus.
Piger. Pigra. Pigrum. Trahere. Trahit.
Tranquillus.

Oraison Dominicale.

PATER noster, qui es in cœlis, sanctificetur nomen tuum; adveniat regnum tuum; fiat voluntas tua, sicut in cœlo et in terrâ; panem nostrum quotidianum da nobis hodiè; et dimitte nobis debita nostra, sicut et nos dimittimus debitoribus nostris; et ne nos inducas in tentationem, sed libera nos à malo. Amen.

Salutation Angélique.

AVE, Maria, gratiâ plena, Dominus tecum : benedicta tu in mulieribus, et benedictus fructus ventris tui, Jesus.

Sancta Maria, mater Dei, ora pro nobis peccatoribus, nunc, et in horâ mortis nostræ. Amen.

Profession de Foi.

Credo in Deum patrem omnipotentem, creatorem cœli et terræ, et in Jesum Christum filium ejus unicum, Dominum nostrum; qui conceptus est de Spiritu sancto, natus ex Mariâ virgine : passus sub Pontio Pilato, crucifixus, mortuus et sepultus est; descendit ad inferos, tertiâ die resurrexit à mortuis : ascendit ad cœlos, sedet ad dexteram Dei patris omnipotentis : indè venturus est judicare vivos et mortuos. Credo in Spiritum sanctum, sanctam Ecclesiam catholicam, sanctorum communionem, remissionem peccatorum, carnis resurrectionem, vitam æternam. Amen.

Chiffres Arabes et Romains.

un	1	I
deux	2	II
trois	3	III
quatre	4	IV
cinq	5	V
six	6	VI
sept	7	VII
huit	8	VIII
neuf	9	IX
dix	10	X
onze	11	XI
douze	12	XII
treize	13	XIII
quatorze	14	XIV
quinze	15	XV
seize	16	XVI
dix-sept	17	XVII
dix-huit	18	XVIII
dix-neuf	19	XIX
vingt	20	XX
trente	30	XXX
quarante	40	XL
cinquante	50	L

Chiffres Arabes et Romains.

soixante	60	LX
soixante-dix	70	LXX
quatre-vingts	80	LXXX
quatre-vingt-dix	90	XC
cent	100	C
deux cents	200	CC
trois cents	300	CCC
quatre cents	400	CCCC
cinq cents	500	D
six cents	600	DC
sept cents	700	DCC
huit cents	800	DCCC
neuf cents	900	DCCCC
mille	1000	M

FIN.

IMPRIMERIE DE CASIMIR,
RUE DE LA VIEILLE - MONNAIE, N° 12.

www.ingramcontent.com/pod-product-compliance
Lightning Source LLC
LaVergne TN
LVHW050611090426
835512LV00008B/1443